자랑스러운 시민상 시상식에서

산티아고 순례길에서

감사라는
기도의 힘

차미화 지음

도서출판 경남

:: 서문 ::

감사라는 기도의 힘!
아버지와 어머니로부터 받은 나의 가장 큰 선물이다. 병약하고 잘하는 것이라고 별로 없는 내가 여기까지 올 수 있었던 힘의 원천이다.

모교에서 실시하는 〈선배의 삶 후배가 쓴다〉 자서전 쓰기에 18회 친구들의 추천으로 참여하게 되었다. 글솜씨가 전혀 없는 나에게 글로 표현하는 것은 정말 힘든 일이다. 내 삶의 소중한 기억들을 그려 보았지만, 한 줄도 못 쓰고 자리를 뜨는 날이 계속되었다. 후배를 만나고 전화 통화나 메일로 의견을 교환했으나, 원고 마감일에 맞추느라 두서없이 원고를 제출했다.

오십 년대 중반 전후 세대로 태어나 가난에서 벗어나기 위해 앞만 보고 열심히 살아왔다. 부모형제의 보살핌으로 마냥 행복했던 어린 시절, 추억 어린 학창 시절, 감사의 기도와 봉사하는 마음으로 살아온 삶을 되돌아보는 계기가 되었다.

새로운 인생의 출발인 결혼과 열정을 다한 중년의 삶을 지나 아름다운 노을빛을 닮고 싶은 나이다. 베이커리 창업을 하면서 사는 동안 나눔을 실천하리라 다짐했다. 나의 삶을 바꾸어 놓은 것은 보육원 아이들과 만남이 아닌가 싶다. 내가 준 것보다 그들로부터 받은 것이 너무 많은 것 같다. 남들에게 베풀며 사는 부모님들의 모습을 보며 자라서인지 쉽게 다가갈 수 있었다. 어머니의 기도의 힘이 나에게 전해진 것 같아 감사할 뿐이다.

남편과 아이들의 적극적인 협조가 큰 힘이 되었고, 후원자로 봉사하는 삶이 행복할 뿐이다.

김해여고 동문님들과 친구, 지인들에게 감사드립니다. 자서전 쓰기에 도움을 준 이정숙 교장 선생님, 담당 선생님, 모교 문혜원 후배님 고맙습니다.

사랑하는 나의 모교와 총동창회의 무궁한 발전을 기원합니다.

:: 차 례 ::

제1부 유년의 추억

013   종갓집 셋째 딸로 태어나다
015   어머니의 기도
018   연약했던 아이
022   사랑채에 머물렀던 선생님

제2부 행복했던 학창 시절

030   철부지 소녀
035   행운이여 나를 따르라
039   김해여고에 입학하다
041   멋쟁이 깔롱쟁이
043   지독했던 장티푸스
048   행운을 만나다
051   유치원 경영을 꿈꾸다

감사라는 기도의 힘

제3부 인생의 새 출발

- 056   남편과의 만남
- 059   포항에 둥지를 틀다
- 064   새로운 길을 개척하다
- 067   베이커리 창업
- 070   이벤트 여왕
- 072   서울로 이사하다

제4부 내 삶에서 가장 보람 있는 일

- 076   보육원 아이들과의 만남
  - | 인터뷰 · 82
- 084   아동복지후원회 설립
  - | 학생들의 감사편지 · 90
- 094   태양기업 창업에 도전하다
- 096   김해여고 동기회 결성

제5부 세계 일주의 꿈

- 104   마추픽추, 신비의 세계
- 107   산티아고 순례자의 길을 걷다
- 113   가족과 함께한 여행
- 116   사랑하는 어머니께

제1부

유년의 추억

젊은 시절의 아버지

종갓집 셋째 딸로 태어나다

나는 김해시 대동면 주중리에서 아버지 차석종과 어머니 김근수의 2남 4녀 중 셋째 딸로 태어났다. 연한 차씨 8대 종손 집안이지만 위로 오빠가 있어서인지 부모님은 아들과 딸을 차별하지 않으셨다. 항상 '우리 예쁜 셋째'를 입에 달고 사실 정도로 나에게 사랑을 듬뿍 쏟으셨다.

아버지께서는 인근 면사무소에 근무하는 성실하고 근면한 공무원이었다. 다정다감하고 멋있는 아버지는 나의 듬직한 버팀목이었다. 어머니는 신앙심이 깊은 가톨릭 신자로 현명하고 자애로웠다. 몇백 년 수령의 회나무 두 그루가 마을에서 가장 큰 우리 집을 수호신처럼 지켜 주는 것 같았다.

우리 집에는 디딜방앗간이 있었다. 동네 사람들은 곡식을 찧을 일이 있을 때면 항상 우리 집을 드나들었다. 디딜방앗간이 우리 집밖에 없어 많은 사람들이 북적거려도 어머니는 귀찮아하거나 싫은 내색을 하지 않았다.

사랑채에는 큼지막한 목욕탕이 있었다. 깊고 큰 무쇠솥에 물을 붓고 아궁이에 장작불을 때서 데웠다. 시골에는 공중목욕탕이 없던 시절이라 설날이나 추석이 다가오면 동네 사람들이 목욕을 하러 왔다. 어른과 아이들이 차례를 기다리며 수십 명이 다녀갔다.

무더운 여름날 회나무 그늘은 지나는 길손들에게 쉼터가 되었다. 아름드리 나무 아래 놓인 네모반듯한 넓은 평상은 남녀노소 누구나 쉴 수 있어 항상 붐볐다. 사랑채 마루에는 동네 사람들이 모여 앉아 마을의 경조사와 농사일을 의논하곤 하였다. 어머니는 그분들에게 마음 놓고 쉬어가라며 맛있는 음식을 대접했다.

종갓집이라 제사가 많았다. 제사를 지낼 때마다 동네 어르신들을 초대해서 음식을 대접했다. 배고픈 행상들이 오면 밥을 주고 잠잘 곳이 없는 사람은 하룻밤 쉬었다 갈 수 있게 재워 주었다.

어머니의 기도

　어머니는 신앙심 깊은 가톨릭 신자셨다. 나는 새벽마다 어머니의 간절한 기도 소리에 잠에서 깨어났다. 밤이면 성경을 읽는 소리를 자장가 삼아 잠이 들었다. 기도하는 어머니의 목소리를 들으면 걱정 근심도 사라져 마음이 편안했다. 어린 시절부터 지금까지 건강하고 행복하게 사는 것은 모두 어머니의 기도 덕분이라고 늘 생각한다. 자식을 위해 밤낮으로 헌신하신 모습을 떠올리면 눈시울이 뜨거워진다.
　마틴 루터는 "잘 기도하는 자는 잘 배운 자요. 많이 기도하는 자는 많이 배운 자다."라고 했다. 어머니는 남편 뒷바라지와 육 남매를 키우며 농사일을 하느라 잠시도 쉴 여가가 없

어머니 팔순기념 일본 여행에서
(왼쪽부터 저자, 어머니, 언니)

었다. 항상 바쁜 일상에서도 감사의 기도를 아끼지 않으셨다. 자식은 부모님의 모습을 보며 자라기에 나 또한 어머니처럼 무엇이든 감사하는 마음을 갖게 되었다. 어머니가 가족들을 위해 항상 기도하신 것처럼 나도 가족을 위해 많은 기도를 하고 있다. 기도는 아침을 여는 열쇠이고 저녁의 자물쇠인 것처럼 힘이 크다는 것을 믿기 때문이다. 나는 어렵고 힘들 때일수록 아침저녁으로 감사의 기도를 잊지 않는다. 끝없는 감사기도를 하다 보니 긍정적인 생각과 하면 된다는 자신감이 생겼다. 기도의 힘이 내 삶을 여유롭고 행복하게 한 것이다.

　어머니께서는 한 번도 꾸중을 하시거나 공부하라고 잔소리하신 적이 없었다. 몸도 약하고 잘하는 것이 별로 없는 딸이었지만 믿고 기다려주셨다. "너는 무엇이든지 잘할 거야."라며 등을 토닥이며 칭찬을 아끼지 않았다. 어머니는 작은 것이라도 남에게 베풀고 따뜻한 말 한마디로 힘을 주셨다. 어머니를 닮아가며 내가 받은 것들을 다른 사람들에게 베풀며 사는 삶을 살게 되었다. 오랜 세월 아동복지 후원회에 쉬지 않고 봉사를 할 수 있는 것도 어머니를 보고 배운 덕분이다.

연약했던 아이

나는 아주 어릴 때부터 남들에 비해 유난히 많이 아팠다. 초등학교를 다닐 때도 여느 친구들처럼 건강하지 못해 학교 다니기가 매우 힘들었다. 머슴이나 유모에게 업혀서 학교에 등하교했을 정도였다. 방과 후 집에 돌아오면 마루에 가방을 던져두곤 방에 들어가 쓰러져 계속 잠만 잤다. 그 당시는 의료보험은커녕 변변한 병원이나 의술도 없는 후진국이라 앓다가 죽는 사람들이 흔한 때였다. 부모님께서는 내가 가방을 두고 방에 들어가서 자고 있으면 별 말없이 그대로 두었다. 밥 먹을 때가 되면 꼭 깨워서 억지로라도 밥을 먹이셨다. 다음 날 아침이면 마루 구석에 두었던 책가방을 챙겨들고 학교를 가는 일들이 계속되었다. 저학년 시절에는 출석 일수를 겨우 채웠다.

어머니는 한약도 지어 먹이고 우유, 계란, 고기 등 몸에 좋다는 것은 무엇이든지 다 해주셨다. 지금까지 건강하게 잘 살고 있는 것도 부모님 덕분이다. 부모님께서는 어린 자식 둘을 홍역으로 가슴에

초등학교 6학년 시절의 저자(오른쪽)와 친구들

묻었기에 또다시 잃을까봐 노심초사하셨다. 최선을 다해 나를 키우셨다는 것을 성인이 되어서야 알게 되었다. 고집이 센 나는 그것도 모르고 밥을 잘 먹지도 않으면서 반찬 투정을 하였다. 하고 싶은 것이 있으면 다 해달라고 억지를 부리기 일쑤였다. 돌아보면 엄마를 참 힘들게 한 딸이었구나 싶어 가슴이 아린다.

부모님의 극진한 보살핌으로 초등학교 4학년쯤부터는 조금씩 건강을 찾았다. 막내인 덕분에 부모님께서 친척 집에

가실 때나 나들이하실 때는 언제나 나를 데리고 다니셨다. 나는 늠름하게 어머니와 함께 간 길들과 버스 번호를 기억해 두었다. 그래서인지 부산 외갓집, 삼촌 집, 보수동에서 목욕탕을 운영하시는 이모할머니 집 등은 혼자 잘 찾아갈 수 있었다.

　부모님은 집안에 관련된 심부름은 전부 나에게 시키셨다. 그 시절에는 전화가 없고 편지를 쓰거나 사람이 직접 가서 전달하는 방법이 가장 빠른 해결 방법이었다. 김해에서 부산으로 심부름 가는 길은 두 시간 이상 소요되었다. 평강에서 덜컹대는 시골버스를 타고 구포에서 내려 시내버스를 갈아타야 했다. 어린 나는 '만일 길을 잘못 간다면 어떻게 될까?' 하는 공포감에 사로잡히기도 했다. 혹시라도 실수하면 어쩔까 싶어 가슴은 콩닥거리고 손에 땀이 났다. 지금도 종종 꿈속에서 마음 졸이며 심부름하던 어린 소녀의 모습을 만난다. 반세기가 지난 지금까지 불안하고 긴장되었던 기억이 잠재의식 속에서 꿈틀대는 것 같다.

　부산에 안전하게 도착하여 친척분들을 만나면 안도의 숨을 내쉬었다. 부모님이 전해달라는 말을 전해 드리고, 문제가 해결되면 내 임무는 모두 끝이 났다. 부모님과 친척분들께서

서울로 수학여행 갔던 초등학교 시절

는 야무지고 똑똑하다는 칭찬을 해주셨다. 심부름이 끝나고 나면 항상 칭찬이라는 보상을 받다 보니 심부름을 더 잘 하려고 노력한 것은 아닌가 싶다. 지금 생각해보면 내가 어릴 때부터 문제 해결 능력이 뛰어나다는 걸 부모님이 알아보신 것은 아니었을까. 특히 어머니가 "너는 잘 살 거야."라고 칭찬과 격려를 많이 해주신 것이 큰 힘이 되었다. 칭찬은 고래도 춤추게 한다는 말을 다시 한 번 새겨 본다.

사랑채에 머물렀던 선생님

　선생님들은 우리 집 사랑채에 하숙하셨다. 조그만 사택에는 교장 선생님이 생활하셨고 시골에서 선생님은 마땅히 계실 곳이 없었다. 인정 많은 부모님은 기꺼이 사랑채를 내어 드렸다. 집이 크고 방이 많은 우리 집에서 선생님과 함께 지내니 어깨가 으쓱했다.
　초등학교 6년 동안 선생님들은 우리 집에서 생활하셨다. 선생님들이 우리 집에 계시니 부모님과 대화도 많이 나누셨다. 나에 대해 너무나 잘 알고 계셔서 나를 많이 이해해 주셨다. 몸이 아파 숙제를 못 했거나 결석을 해도 사정을 아시고는 선처해주셨다. 혼을 많이 내셨을 터인데도 초등학교 6년을 무사히 보낼 수 있었다. 한집에서 선생님과 살았으니 알게 모르게 크고 작은 도움들을 받은 것 같다. 그러고 보니 나는 행운아였다.

친구들도 우리 집에 자주 놀러왔다. 부모님께서는 나의 친구들에게는 더욱 살뜰히 챙겨주셔서 친구들이 많이 놀러 왔던 것 같다. 집 안에 있는 몇 그루의 단감나무에는 감이 주렁주렁 달렸다. 붉게 익은 감을 따서 친구들과 나누어 먹는 재미가 있었다.

여름이면 삶은 옥수수를 하나씩 잡고 하모니카를 불듯 먹었다. 가을이면 호미로 밭이랑의 고구마 줄을 제쳐 가며 흙을 팠다. 땅속에서 튼실하게 자란 고구마가 줄줄이 매달려 나올 때면 환호를 했다. 부엌에는 삶은 고구마 등 다양한 주전부리가 있어 즐겁게 나누어 먹었다. 우리들은 사랑채에 계신 선생님께 과외 공부도 함께하는 특혜도 누렸다. 부모님이 힘든 생각조차 못 하고 마냥 즐겁기만 했다.

초등학교에는 한 학년에 한 학급뿐이었다. 한영식이라는 친구는 6년 동안 반장을 도맡았다. 나보다 세 살이나 많아서인지 공부도 잘하고 어른스러웠다. 초등학교는 8살에 입학하지만 그렇지 못한 친구들이 많았다. 대체로 나보다 나이가

1960년대 대중초등학교

한두 살 많아 내가 가장 어렸다. 나이 차이가 많아도 다들 그러려니 했다. 가난했던 시절이라 부모님들은 먹고살기에 바빠 자녀들의 교육에 관심이 적었다.

어릴 때는 1년 차이가 크다 보니 대부분 반 친구들은 나보다 나이도 많고, 덩치도 커서 나하고는 아예 대결 자체가 되지 않았다. 골목에서 친구들과 땅따먹기, 고무줄놀이, 술래잡기 등을 했다. 나이도 적고 덩치도 작아 뭐 하나 잘하는 게 없었다.

6학년이 되어서는 그동안 밀린 공부를 하기 위해 벼락치기로 발등에 떨어진 불을 끄느라 전전긍긍했었다. 중학교에 들어가기 위해서는 입학시험을 쳐야 했기 때문이다.

6학년 일 년 동안 이형우 선생님께서 중학교 진학할 친구들만 모아서 밤늦게까지 무보수로 부족한 과목들을 지도해 주셨다. 그렇게라도 공부에 전념할 수 있었던 것은 담임선생님이셨던 이형우 선생님의 역할이 컸다.

그분은 정말 무서운 호랑이 선생님이었다. 스포츠 머리에 항상 단정히 옷을 갖춰 입으셨다. 자상하지만 학생들이 공부를 제대로 하지 않으면 따끔하게 사랑의 매로 다스렸다. 시험 성적이 안 좋으면 단체로 벌을 세웠다. 우리들은 귀를 잡고 토끼 뛰기로 운동장을 몇 바퀴 돌아야 했다. 다리가 아파 눈물을 흘렸던 기억이 새롭다.

다행히 중학교에 무사히 진학할 수 있었다. 그때는 우리들에게 사랑의 매와 벌을 서게 하여 무서웠지만 지금 생각해보면 참 감사한 일이다. 선생님의 열정 덕분에 중학교 진학 합격률은 예상보다 훨씬 높았다.

초등학교 6년 중 가장 기억에 남는 선생님은 조냉자, 이형우 선생님이다. 너무 오래전 일이라 희미하게 기억되지만 항상 격려를 많이 해주셨다. 선생님은 "너는 건강해지고 잘 살 거야."라며 머리를 쓰다듬어 주시거나 번쩍 들어 안아주시기

대중초등학교 제20회 졸업기념 사진
(1969년 2월 20일)

도 하셨다.

성인이 된 후, 스승의 날에 이형우 선생님을 찾아뵈었다. 선생님은 "교사 임용 후 첫 발령지라서 경험도 없이 열정으로 너희들을 지도하다 보니 체벌도 하게 되었다. 많이 아팠지? 미안하다." 하시면서 사과를 해서 함께 웃었다.

자서전을 쓰면서 문득 이형우 선생님이 생각나 전화를 드렸더니 너무나 반가워하셨다. 선생님 연세는 벌써 85세였다. 젊고 패기 있던 모습을 떠올렸는데 벌써 많은 세월이 흐른 것이다. 인자한 목소리로 우리 부모님과 가족 안부를 일일이 물어오셨다. 코로나19가 잠잠해지면 찾아뵙기로 약속드리고 건강하시라고 당부드리며 아쉽게 전화를 끊었다.
 아낌없이 사랑을 주는 선생님들이 곁에 계셨기에 초등학교를 무사히 졸업을 할 수 있었다. 몇 년 전까지 스승의 날에는 선생님을 찾아뵙기도 했는데 바쁘다는 핑계로 못 찾아뵈어서 미안할 뿐이다.

제2부

행복했던 학창 시절

철부지 소녀

나는 대동중학교를 다녔다. 한 동네에서 친하게 지내던 여학생 8명과 함께 늘 등교를 했다. 아침이 되면 나를 포함한 아홉 명이 모두 성안 고개에 모여 걸었다.

성안 고개는 대동중학교를 갈 수 있는 유일한 길목이다. 학교까지는 한 시간이 걸렸지만 단순히 걷지만 않고 소풍을 가듯 즐거운 시간이었다. 가위 바위 보를 하여 마지막까지 진 두 사람은 큰 막대기에 아홉 개의 가방을 끼워 짊어지고 가야 했다. 가위 바위 보를 이긴 날에는 날아갈 듯 즐겁게 학교에 갈 수 있었지만 지는 날에는 땀을 뻘뻘 흘리며 녹초가 되기도 했었다.

대동중학교 2학년 시절 친구들과 함께

    비포장도로에 어쩌다 자동차 한 대 지나가면 손을 흔들어 태워달라고 소리를 질러댔다. 운 좋게 트럭이나 소달구지 등을 얻어 타는 날에는 운수 대통했다고 깔깔거렸다. 아저씨에게 크게 절하고 감사하다고 손까지 흔들던 때를 생각하면 지금도 웃음이 먼저 번진다.

    윤동주의 〈별 헤는 밤〉을 외우고, '목련꽃 그늘 아래서 베르테르의 편질 읽노라~'를 합창하며 울고 웃었다. 먼지가 풀풀 일어나는 흙길을 걸으면서 친구와 함께했던 추억의 길이 그리워진다. 등하교를 함께하며 행복했던 친구들이 나의 보물이다.

중학교 3학년 시절

중학교 1, 2학년 때에는 공부에는 전혀 관심도 없어서 더욱 신나게 놀기만 했다. 하교 때는 다른 반 친구들이 끝날 때까지 기다렸다가 모여서 집으로 왔다. 시례 마을 산 위에 있는 큰 콘크리트 건물에서 숨바꼭질도 했다.

봄이면 분홍빛 진달래꽃을 따먹으면 쌉쌀하고 상큼한 맛이 입안 가득했다. 무더운 여름이면 농수로에 교복 치마나 모자를 적셔 입거나 쓰기도 했다. 길가의 수박밭에서 잘 익은 수박을 서리해서 먹었다. 가을 찬 바람에 나뭇잎이 공중에서 춤을 추며 떨어지면 곱게 물든 단풍잎을 책갈피에 끼우지 않았던가. 하얀 눈이 내리는 겨울이면 눈을 뭉쳐 눈싸움을 하며 행복에 겨웠다.

철없던 중학교 시절의 잊지 못할 추억이다.

중학교 때에는 간식거리도 종종 먹었다. 주로 먹었던 간식은 십리과자, 럭키사탕, 호떡이다. 십리과자는 하얗고 둥그런 사탕으로, 십 리를 가는 동안 먹을 수 있다 하여 십리과자라고 이름이 붙었다. 설탕물이 뚝뚝 떨어지는 동그란 호떡은 그야말로 최고의 간식이었다. 봄에는 진달래꽃을 따 먹거나 삘기(먹는 풀의 일종)를 뽑아서 먹었다. 가을에는 빨갛게 익은 망개 열매를 따 먹었고, 겨울에는 배추를 베고 남은 뿌리를 뽑아 먹기도 했다.

남녀공학인 중학교 동기회도 잘되고 있다. 오십 대 초반에는 백여 명의 친구들이 동기회에 참석했다. 야유회, 총동창회, 운동회 등으로 자주 만나며 즐거운 시간을 가졌다. 취미가 같은 친구들은 평상시에도 만나 골프를 치며 우정을 쌓고 있다. 환갑 기념으로 다 같이 여행을 갔을 때의 즐거웠던 추

중학교 동기회 야유회

억은 잊을 수 없다.

하지만 육십 대 중반이 되고 보니 매년 참석 인원이 줄어들고 있다. 나이가 들수록 바쁜 일도 많고 몸이 아픈 친구들이 늘어나는 것 같다. 칠순 기념을 당겨 2020년 5월에 해외여행을 가기로 계획했다. 여행비까지 다 모았는데 코로나19로 기약 없이 미루어져 아쉽기만 하다. 올해 2월에는 초등학교와 중학교를 함께 다녔던 친구가 암으로 세상을 떠나 친구들은 영정사진 앞에서 부둥켜안고 울고 또 울었다.

행운이여 나를 따르라

중학교 3학년이 되니 고등학교 진학에 대한 얘기가 많이 나왔다. 당시 사회적 분위기는 여상을 나와야 취업도 잘된다고 해서 대부분 여상으로 진학하는 것을 선호했다. 가정형편이 어려워 고등학교를 진학 못 하는 친구들도 절반 정도였다. 집에서 학교를 다닐 수 있는 친구들은 여상으로 진학을 하는 분위기였다. 어린 마음에 친구를 따라 여상에 가고 싶다고 부모님께 억지를 부렸다.

어머니는 인문계를 가야 한다고 평소와 다르게 강한 어조로 말씀하셨다. 김해여고를 가지 않을 거라면 학교를 가지 말라고 하실 정도였다. 부모님은 미래를 내다볼 줄 아셨고,

대동중학교 15회 졸업사진

상당히 앞서가시는 분들이었다. 어려운 살림이지만 공부를 잘하면 대학원과 유학도 보내주겠다고 약속하셨다. 혼자만이라도 김해여고에 진학하기로 마음먹었는데 중학교에서 지원한 사람이 일곱 명이나 되어 다행이었다. 김해여고에 진학한 것에 대해서 부모님께 진심으로 감사드린다.

결국 김해여고에 지원서를 제출했다. 김해여고를 가는 학생들은 모두 공부를 잘했다. 나는 자신이 조금 없었다. 더군다나 선생님은 내가 원서를 쓸 때에 걱정을 많이 하셨다. 시험을 앞두고 집중해서 시험 치는 날까지 머리를 싸매고 공부에 전념했다. 할 수 있다는 신념으로 책을 파고들었고 그럴수록 어머니의 기도는 간절해갔다. 초등학교 때처럼 이번에도 발등에 불이 떨어져 열심히 공부했다. 초등학교 고학년 이후로 건강이 조금 나아졌다고는 하나 여전히 허약했기 때문에 시험 당일에는 긴장한 상태로 시험을 쳤다.

합격자 명단을 볼 때에는 가슴이 콩닥거렸다. 종이에 적힌 수많은 이름 중에서 내 이름을 찾는 동안 얼마나 떨렸는지 모른다. 빠른 속도로 이름을 훑어 보다 다행히 내 이름을 찾을 수 있었다. 순간 어머니의 기도하시던 모습이 떠올라 눈물이 핑 돌았다. 어머니의 기도 덕분에 합격한 것이다.

기쁨도 잠시, 함께 시험을 치른 내 친구가 갑자기 펑펑 울기 시작했다. 합격자 명단에 이름이 없었기 때문이다. 친구를 달래며 함께 울다 보니 내가 합격했다는 것도 잊고 있었다.

친구는 나와 아주 친했던 사이였다. 나는 주중에 살고 그 아이는 평촌에 살았다. 거리가 꽤 멀어서 함께 노는 날에는 대략 2시간은 걸어야 했다. 왕복 이십 리 길이다. 시간이 너무 많이 걸렸던 날에는 우리 집에서 자고 가기도 했다. 구포까지 영화를 보러 가는 날은 16km를 네 시간 동안 걷기도 했다. 매일 걷느라 얼굴은 새카맣게 탔다. 그때는 비포장도로에 버스가 없어서 걸어가는 수밖에 없었다. 또 오랫동안 걸었기 때문에 건강을 지킬 수 있었다. 얼굴과 몸 전체가 검게 탔을 쯤에는 건강했다고 볼 수 있겠다. 하지만 행복했던 시간을 함께해 준 친구와 떨어지게 된다는 일은 너무나도 슬픈 일이었다.

김해여고에 입학하다

고등학생이 되어서도 등교할 때에는 중학교 친구들과 동네 앞에서 만나 불암동 버스 정류장까지 함께 걸어갔다. 그리곤 김해로 구포로 헤어져 몇 개월 다녔다. 어느 순간부터 자연스럽게 만나지 않고, 일요일이나 방학 때 가끔 만나게 되다가 점점 멀어졌다.

중학교 때 단짝 친구와 연락도 끊겼다. 그 당시에는 전화가 없었기 때문에 연락하려면 직접 집에 찾아가거나 편지를 쓰는 방법밖에 없었다. 중학교 때는 그렇게도 친했는데 말이다. 시절 인연이라고 했던가, 중학교 동창회 때 여러 친구들에게 정숙이 안부를 물어도 찾을 수 없었다.

미옥이와 설악산 수학여행에서

김해여고로 진학하여 처음 한두 달은 학교생활이 재미도 없고 정이 안 갔다. 중학교 친구들과 함께했던 시간이 그리웠고, 동네 친구들이 자꾸 생각났다. 두 달쯤 되니까 적응이 되고 새로 사귄 친구들과 하교 때 같이 다니게 되었다. 평강에 사는 미옥이라는 새 친구가 생겼다. 등나무 그늘 아래 벤치에서 즐겁게 시간을 보내며 학교생활에 적응해갔다.

동아리는 탁구부를 하기도 했다. 운동신경이 좋다는 탁구부 담당 선생님의 권유로 탁구 선수가 되었다. 너무 힘들어 내 체력으론 따라가기 버거웠다. 중간에 포기했지만 탁구를 잘 치게 되고 선생님의 칭찬 덕분에 자신감이 생겼다. 지금까지 테니스, 스키, 골프 같은 운동을 즐길 수 있는 밑바탕을 마련해주신 선생님께 감사드린다.

멋쟁이 깔롱쟁이

나는 멋을 많이 부린다고 어릴 적부터 별명이 깔롱쟁이다. 엄마는 나를 예쁘다며 털실을 사와 대바늘로 손뜨개질을 해서 옷을 입히셨다.

키가 훌쩍 커 옷이 작아지면 입던 옷의 실을 풀어 다시 새 옷을 만들었다. 어머니는 따뜻한 방 아랫목에서 대바늘로 뜨개질해 따뜻한 윗도리와 털바지를 만들어주셨다. 자투리 털실로 어여쁜 모자와 추위 속에서 내 목을 감싸주던 목도리를 밤이 늦도록 떠주셨다.

우리 어머니는 손재주가 참 좋았다. 어머니는 꽃무늬가 있는 천을 떠와 재봉틀로 원피스를 만들어주셨다. 허리가 잘록

고2 운동회 가장행렬

하게 잔주름을 잡아 폭이 넓은 치마는 입기에 편했다. 아름다운 원피스를 입고 친구들을 만나면 어깨가 으쓱했다. 엄마가 나를 이쁘게 만들어 준 것이나 다름없다.

어린 시절에는 간식거리는 고사하고 먹을 양식도 모자랐다. 특히 입을 옷이 별로 없어 형제의 옷을 물려 입었다. 첫째의 교복을 둘째, 셋째가 물려 입는 것처럼 말이다. 지금은 새 옷을 사는 일이 흔하지만 옛날에는 큰언니가 입은 옷을 둘째 언니가 받아 입었다. 하지만 나는 고집을 부려 새 옷이 아니면 안 입었다.

지독했던 장티푸스

꽃다운 나이 열아홉 살 5월 따뜻한 봄날이었다. 여느 날처럼 일요일에 밭으로 갔다. 우리 집은 수박이나 배추 농사를 하고 있어서 종종 밭에 일하러 갔었다. 그런데 왠지 모르게 그날따라 기운이 없어서 나도 모르게 밭둑에 털썩 누워버렸다. 가볍게 털고 일어났다면 얼마나 좋았을까. 나는 쓰러진 그날부터 몇 개월간 앓아누웠다. 나는 도저히 병원으로 갈 수 없었던 상태라 불암동에 있는 자성의원에서 의사가 왕진을 왔다. 그 의사가 장질부사腸窒扶斯(장티푸스)라 불리는 무서운 병이라고 진단을 내렸다.

장티푸스는 그 당시에 1급 전염병이었지만 우리나라는 의료시설이 열악해 사람들이 전혀 관리되지 않았다. 또 보건소나 병원의 수도 적은 데다 의료 보험이 없었기 때문에 시골에서 장기간 입원하는 일은 상상하기도 힘들었다. 때문에 사람들이 전염병에 걸려 치료도 못 받고 많이 죽기도 했다.

내가 장티푸스에 걸렸다고 하니 동네 사람들 아무도 우리 집 근처에 얼씬도 하지 않았다. 전염병이 어디에서 어디로 옮겼는지 알 수도 없었다. 어머니의 기도는 하루 종일 이어졌고 아궁이에 불을 때서 매일 식기류와 빨래들을 삶았다. 녹두죽을 먹고, 링거도 맞았다. 열은 펄펄 끓어 40도까지 오르고, 혼수상태에 이르기도 했다. 살은 다 빠져 피골이 상접해서, 정말 죽음 직전 단계에 이르렀다. 아픈 와중에도 3학년 담임선생님과 반 친구 오영선이 한번 다녀갔다.

어머니는 매일 의사를 왕진 오게 했다. 비싼 병원비를 대느라 기름진 논을 팔아서 나를 살렸다. 어머니와 가족들의 정성으로 9월에 겨우 일어날 수 있었다. 너무 오래 누워 있었던 탓에 근육이 다 빠져 걷기조차 힘들었다. 며칠간 방 안에서 마당으로 걸음마 연습을 한 후, 다섯 달 만에 학교에 갔다. 멀리 3층 교실에 있던 친구들이 나를 알아보고 달려왔다. 강미옥과 김주련이 "이제 괜찮은 것이냐."며 울었다. 우리는

고등학교 2학년 친구들과 함께

고등학교 3학년 합창경연대회에서

제2부 행복했던 학창 시절

고등학교 3학년 1반 친구들과

부둥켜안고 기쁨의 눈물을 주룩주룩 흘렸다. 내가 살아 학교에 온 것이 꿈만 같았다.

 장티푸스를 앓은 딸의 빠른 회복을 위해 어머니께서는 보약과 자연산 민물장어를 끓여서 매일 주셨다. 첫새벽부터 늦은 밤까지 어머니의 기도는 끝없이 이어졌다. 나는 하루가 다르게 건강을 회복했다. 오랫동안 앓고 나니 머리카락이 서서히 빠지기 시작했다. 어머니가 가발을 사주셔서 졸업을 할 무렵까지 쓰고 다녔다.

졸업 사진에 찍혀 있는 내 모습은 피골이 상접했고 입술이 삐뚤어져 보였다. 키는 대략 159cm인데 체중은 35kg밖에 안 되었다. 너무 오랜 기간 아팠던지라 대입 준비를 하나도 하지 못했다.

행운을 만나다

개나리꽃이 활짝 핀 봄날이었다. 고등학교 졸업 후에는 건강을 회복한 나는 대입 준비를 하기 위해 학원을 다녔다. 시골과 이모네 댁을 번갈아 다니면서 학원을 열심히 다녔다. 어느 날 대학에 다니는 이종사촌 언니가 신문을 들고 나에게 찾아왔다. 신문광고를 보여주며 화장품 회사에서 공개 채용하니 입사지원서를 넣으면 될 것 같다고 했다. 언니 말을 듣고 지원했는데 10명 채용에 수백 명이나 지원했다. 시험도 만점에 가깝고 면접도 잘 본 것 같아 합격될 것 같은 예감이 들었다.

70년대는 기업에서 공개 채용하는 경우는 극히 드물었다.

여성이 일할 자리는 전문 직종 이외는 한일합섬, 대우실업 등이었다. 화장품 회사는 그때 인기 직종인데다 월급도 많고 유니폼, 화장품 등을 무료로 주었기 때문에 모두가 선망하는 회사였다. 어머니의 기도 덕분인지 나는 운 좋게 합격을 했다.

회사 앞에서 합격자 명단을 확인하는 순간 언니와 서로 부둥켜안고 펄쩍 뛰었다. 경쟁률이 상당했지만 당당하게 합격을 해서 누구보다 어머니가 제일 기뻐하셨다. 계획에 전혀 없던 일이 일어나 대학 진학을 뒤로 미루었다.

서울 본사에서 한 달간 합숙을 하면서 교육을 받고 직장생활을 시작했다. 회사에 입사하고 보니 그곳에서 내가 가장 어렸다. 합격한 다른 언니들은 23, 24살의 나이였고 화장도 잘하고 세련되어 보였다. 화장품 회사이다 보니 화장하는 기법 등을 한 달 동안 합숙하면서 교육을 받았다. 여고 졸업생과 직장 여성단체에서 화장하는 방법을 강의하는 팀에 소속되어 선배님들과 함께 다니면서 배웠다. 일주일에 두 번씩 강의를 듣고 실습을 하며 많이 달라졌다. 수습 기간이 끝나고 우수 신입사원 선발에 1등을 하는 영광을 안았다. 부산지점장께서 주시는 상장과 구두 티켓을 부상으로 받았다. 처음

교육을 받을 때는 깨닫지 못했으나 시간이 지날수록 자신도 몰랐던 손재주와 재능이 나타나기 시작했다. 직장을 다니며 사람들을 만나고 넓은 세상을 보며 조금씩 철이 들기 시작했다. 즐거운 마음으로 회사 생활을 하면서도 대학을 가야겠다는 생각에서 벗어날 수 없었다.

유치원 경영을 꿈꾸다

부산여자대학교 유아교육학과에 입학을 했다. 어린 새싹 같은 아이들을 키우는 유치원을 경영하고 싶었기 때문이다. 나의 적성과 장래성 등을 고려해서 무엇을 할 것인지 많이 고민했지만 옳은 선택을 한 것 같았다.

꿈과 낭만으로 가득한 교정에서 마음껏 즐길 수 있는 시간이 없었다. 대학교를 졸업하기 전 유치원 교사 자격증을 따야 했기 때문이다. 피아노 연주와 그림을 그릴 줄 알아야 했다. 나는 피아노를 배운 적이 없어 바이엘부터 차근차근 학원을 다니면서 연습했다. 미술학원에 등록해 그림 그리기에 몰두했다. 피아노는 나이가 들어 배워서인지 손에 익지 않아

1. 대학졸업 사진
2. 대학교 2학년 재학 시절
3. 대학교 재학 시절

여러 번 재시험을 치느라 힘이 들었다. 피아노와 그림 이외에도 교사 자격증을 받으려면 정해진 학점 이상이 되어야 했기 때문에 주야로 공부를 열심히 했다.

대학교를 다니다 골수염으로 다리가 아파 병원을 다녔다. 부산에서는 치료가 불가능해 서울 세브란스 병원에서 수술을 하였다. 두 달간 깁스를 하고 다녔다. 시험을 쳐야 할 때에는 리포트를 내서 인정을 받을 수 있어 다행이었다.

졸업 후 소심 유치원에서 근무하게 되었다. 대학교 때 실습기간 동안 머물렀던 곳이라 낯설지 않았다. 아이들을 좋아하는 성격이라 적성에 맞아 무척 좋았다. 교사생활 일 년도 채우지 못하고 유치원을 그만두었다. 교사자격증 취득하느라 고생했고 첫 발령 받은 곳이라 아쉬웠다. 대학교 일학년 때 지인의 소개로 만난 남편과 결혼을 하게 되면서 꿈을 접게 된 것이다. 보수적인 시댁에서는 직장을 그만두라고 언질 했기 때문이다.

제3부

인생의 새 출발

남편과의 만남

 대학교 일 학년 때 사촌동생의 대학 선배들과 미팅에서 남편을 처음 만나게 되었다. 말이 없고 나의 이상형이 아니라 별로 관심이 없었다.
 70년대는 편지로 마음을 전할 수밖에 없는 때라 그이로부터 여러 번 편지를 받았다. 글솜씨도 없었지만, 연애편지는 써본 적이 없어 한 번도 답장을 보내지 않았다. 그는 약속장소와 시간을 일방적으로 정해 놓고 만나자는 편지를 보내왔다. 답장이 없으면 포기할 것이라 생각하고 약속한 장소에 나가지 않았다. 사랑을 고백하는 장문의 편지를 또다시 보내왔다. 그날 약속 장소에서 몇 시간 동안 기다렸다며 지난 번

장소에서 두 시간 이상 기다리겠다는 것이었다.

생각지도 못한 편지에 당황스러워 한방을 쓰는 작은언니한테 두 통의 편지를 보여주었다. 언니는 "진실하고 괜찮은 사람 같다."면서 적극적으로 권해서 약속 장소에 나가게 되어 사귀게 되었다.

그 사람은 고등학교 때부터 집을 떠나 생활하고 있었다.

결혼 사진

형제가 많은 시골 출신으로 대학등록금은 전액장학금을 받아 해결할 정도로 독립심이 강했다. 입술이 부르트도록 열심히 공부를 한 덕분에 졸업 후 대기업에 취업을 했다. 결혼자금도 자신이 벌어서 마련해야 한다면서 절약하며 살았다. 근면성실하고 일밖에 모르는 남편 덕분에 13평 전셋집에서 결혼생활을 시작했다. 우리 가족 모두 행복하게 살 수 있을 것 같았다.

직장생활도 교통사고 때 휴직기간을 빼고는 단 한 번도 결

님편과 함께

근한 적이 없었다. 별 보고 출근하고 별 보고 퇴근할 정도로 오직 직장생활에 충실했다. 80~90년대 산업현장에서 땀을 흘리며 일을 하였기에 우리나라의 경제성장에 일조를 한 것이다.

남편은 토목기술사 자격증 취득을 위해 열심히 공부했다. 공사현장에서 일을 마치면 서울 노량진학원을 다니며 시험 준비를 했다. 힘들게 자격증을 딴 덕분에 승승장구하는 기회가 왔다. 부산광안대교 신항만 건설 후 상무이사가 되었다. 자회사 사장을 거쳐 대학교 교수로 초빙되어 학생들에게 아낌없이 지도를 했다. 퇴임 후에도 자기의 전공을 살려 자문 역할을 하고, 등산과 골프를 즐기며 삶의 여유를 갖고 있다.

포항에 둥지를 틀다

새로운 인생의 출발을 알리는 결혼을 하고 남편을 따라 포항에서 둥지를 틀었다. 첫 신혼살림은 포항제철소를 짓는 회사 주택단지에서 시작했다.

남편의 전공은 토목이었다. 공사기간 단축을 위해 밤낮없이 일만 했다. 매일 새벽에 나가면 밤 12시 전 아슬아슬하게 집으로 돌아왔다. 주말에도 출근을 해야 했기에 남편과 대화할 시간조차 없었다.

낯선 곳에서 외롭게 생활하던 나는 결혼을 왜 했는지 후회하는 마음으로 갈등을 겪었다. 남편을 기다리는 일이 너무 힘들어 울기도 했다. 그러나 일 때문에 늦게 들어오는 남편에게 내색도 못 했다. 그 당시 사회 분위기는 모두가 열심히 살았기 때문에 불평불만을 전혀 할 수 없었다. 70년대 산업 현장에서 불철주야 고생한 산업 역군들이 있었기에 우리나라가 급속한 경제성장을 이루지 않았을까.

행복한 신혼생활도 잠깐이었다. 남편은 일요일에 오토바이를 타고 출근하다 대형 교통사고를 당했다. 고관절과 머리를 크게 다쳤고 10시간 정도 의식을 잃어 생명이 위험할 정도였다. 대수술을 세 차례 받고 기적처럼 살아났다. 나는 임신 9개월 만삭의 몸으로 간호를 했다.

사고 한 달 후에는 첫딸을 낳았다. 임신중독에 온몸이 퉁퉁 부었어도 남편이 위험하니 아무도 나에게 신경을 써주는 사람은 없었다. 친정 부모님께는 금방 연락을 드리지 못하고 남편이 1차 수술 후 회복 단계에 있을 때 연락을 드렸더니 한걸음에 달려오셨다. 온몸이 부어 신발도 신을 수 없는 정도인 나를 보시더니 깜짝 놀라면서 꼬옥 껴안고 기도를 하기 시작했다. 사위의 건강상태를 확인 후 시어머님께 남편 간호를 부탁하셨다.

나의 온몸을 따뜻하게 주물러주고 좋아하는 음식을 해주며 온갖 정성으로 돌봐주셨다. 위중한 남편 때문에 미처 자신을

결혼25주년 가족들과 함께

돌보지 못했는데 엄마의 기도와 정성으로 힘을 차릴 수 있었다. 분만촉진제를 맞고 오랜 시간 진통 끝에 첫딸을 출산했다. 같은 병원 같은 층에서 남편은 수술을 하고 나는 첫딸을 낳은 것이다. 인생에서 가장 많이 울었고 밥도 제대로 먹지 못했던 날들이었다.

한 달간 몸조리를 하고 애를 업고 매일 간호하러 병원에 갔다. 낮에는 병원에서 남편 간호를 했고, 밤에는 아기가 자면 밀린 집안일을 하다 보니 못 자는 날이 많았다. 남편이 좋아하는 음식과 곰국을 끓여 아기를 업고 병원으로 갔다. 남편 옆에 아기를 눕혀놓고 두 사람을 돌보아야 하는 어렵고 힘든 병원 생활은 7개월간 이어졌다.

남편은 꼼짝할 수 없어 누워서 대소변과 식사 등 일상생활을 해야 했다. 본인의 고통은 말로 표현하기 어려울 것이지만 짜증 부리지 않았다. 말없이 힘든 병원생활을 참고 견디어내는 남편이 대단했다.

남편은 "평생 살아가는 동안 애 안 먹이고, 고생시키지 않고, 나와 가족을 위해 최선을 다해 살아가겠다."며 나에게 많은 약속들을 했었다. 힘든 순간순간마다 어머니와 주변분들이 용기를 주었다. 여러 번의 수술로 죽음의 고비를 넘긴 남편은 기도와 배려 덕분에 오랜 병원 생활을 무사히 끝낼 수 있었다. 남편은 성실히 최선을 다해 살아온 덕분에 직장에서 최고의 자리에 올랐다.

새로운 길을 개척하다

둘째 아이가 다섯 살 때 직장생활을 다시 시작했다. 남편이 다니는 포스코 광양제철소에 합격해 홍보팀에서 일하게 되었다.

산업시찰을 오는 귀빈들에게 제철소를 소개하는 홍보 담당이었다. 제철소 건설부터 철의 생산과정 등 새로운 분야를 홍보하기 위해서는 매일 새로운 교육을 받아야 했다. 도서관에 있는 자료들과 책들을 하루에 한두 권 이상 읽으며 열심히 공부를 했다. 몇 년 동안 평생 읽을 책들을 다 읽은 것 같았다. 학교 다닐 때 이렇게 공부를 열심히 했다면 지금보다 더 나은 사람이 되어 있지 않았을까 싶었다.

포스코 광양제철소 근무시절

　모든 게 늦은 것 같았지만 새로운 일을 할 수 있어 행운이었다. 포스코에서 발행하는 월간지 사진모델이 되어 일을 하면서 자신감도 생기고 자존감도 올라갔다.

　앞으로의 삶을 어떻게 살 것인가에 대한 고민을 많이 했다. 육체적 정신적으로 성숙해 가는 과정이었다. 미래에 대한 계획을 구체적으로 적었다. 시간이 날 때마다 창업에 관련된 책, 인생을 성공하는 법, 재테크 위주로 읽었다.

포스코 광양제철소 근무 시절
회사에서 발행하는 잡지의 모델이 되어 일하며 자신감이 붙었다.

베이커리 창업

　광양제철소가 완공되고 남편이 부산 광안대교에 현장소장으로 발령이 났다. 부산으로 이사 오게 되면서 전공을 살려 유치원 운영을 해 보고 싶었다. 다방면으로 알아보았지만 쉽지 않은 일이었다.
　그러다 우연한 기회에 베이커리를 창업하게 되었다. 13평의 작은 가게였다. 모든 사람들이 과연 성공을 할 수 있을까 하는 의문을 가졌다. 남편마저도 공주 같은 여자가 어떻게 창업을 하겠냐며 고작 삼 개월 정도 버티면 잘할 것이라고 했다. 나는 빵에 대해 아는 지식도 전혀 없어 불안했다. 창업에 성공한 사람들의 책을 읽으면서 어떻게 하면 성공할 수 있는지를 배워 나갔다. 첫 창업이지만 자신감이 넘쳤고, 철저히 읽은 대로 메모해서 실천에 그대로 옮겼다.

베이커리 창업은 대성공이었다. 직원이 십오 명 이상 될 정도였다. 사람들은 인산인해를 이루어 줄을 서서 빵을 사갔다. 내가 사업능력이 있는지 전혀 몰랐다. 가게가 잘되니 주변의 베이커리들이 모두 문을 닫을 정도였다.

창업하면서 첫째로 중요시한 것은 정직함이다. 동네에서 장사를 하려면 정직하고 아이들에게 인정받는 가게여야 했다. 내 가족이 먹는다고 생각하며 당일 만든 제품만 판매하고 최고의 재료를 고집했다. 빵을 만드는 공간을 항상 청결히 했다. 가게 문을 열고 나면 가장 먼저 한 일이 화장실 청소와 가게 앞을 깨끗이 쓸고 물청소를 해서 반짝반짝 빛이 나게 했다. 사계절 꽃나무를 심고 화사한 분위기를 만들었다.

우리 가게는 지하철 1호선을 타기 위해 지날 수밖에 없는 자리에 위치했다. 아침이면 발걸음도 가볍게 행진곡을 틀었다. 이른 아침에 일어나 피곤에 찌들어 있는 직장인들이 행진곡을 들으며 힘 있는 미소를 짓기도 했다. 비 오는 날에는 분위기에 맞는 노래가 스피커를 통해 흘렀다. 단풍잎이 떨어지는 가을이면 우수에 찬 노래로 사람들의 마음을 사로잡았다. 어린이날에는 경쾌하고 밝은 노래로 아이들을 불러들였다. 석가탄신일이나 크리스마스에도 그날에 맞춰 노래를 들려주었다. 지금 같으면 컴퓨터로 음원을 다운받아 틀었겠지만 옛날에는 그런 것이 불가능했다. 음반가게에서 녹음테이프를 사오거나 직접 녹음하기도 했다. 어떤 손님은 나에게 음대 출신인가 묻기도 했다.

일본 동경제과 연수 시절

베이커리 부분에서 최고가 되기 위해 일본 동경제과에서 제과 제빵 과정을 직원과 함께 수료했다. 도쿄의 빵가게 여러 곳을 돌아보며 성공담도 들어보고 기술도 전수받은 것이 사업이 성공하는데 도움이 되었다.

이벤트 여왕

 내 별명은 이벤트 여왕이었다. 틈만 나면 이벤트를 연다고 하여 붙여진 별명이다. 대학생들을 알바로 채용하고 전단지를 지하철 입구에서 나누어 주었다. 전단지는 개업 주년 행사와 크리스마스, 빵 값 할인 등의 내용에 관한 것들이었다. 가게 주변에 김밥집이 생겨 김밥 한 줄에 천원으로 팔았기 때문에 우리 가게에 타격이 왔다.
 우리는 천 원짜리 샌드위치를 만들고 전단지를 열심히 돌렸다. 아파트 단지 우편함에도 일일이 전단지를 꽂고 다녔다. 알바 경험이 많은 친구들이 역시나 잘했다. 평소 검정색과 흰색 계열의 옷을 즐겨 입었지만 베이커리 운영을 하며

부산대학교 경영대학원 최고경영자과정 제37기 수료식에서

자신의 이미지를 변신했다. 먹음직스러운 빵이 연상되도록 밝고 화사한 원피스와 모자 차림이었다. 옷과 모자는 요일에 따라 머리에서 발끝까지 같은 색으로 차려입었다. 최고의 시설과 재료로 당일 제품만을 판매했다. 가게를 찾는 고객을 최선을 다해 모시는 것을 원칙으로 하니 대성공이었다.

부산대학교 경영대학원 최고지도자 과정에 입학했다. 작은 가게지만 경영에 관한 전문적인 지식을 쌓기 위해 공부를 해야겠다는 생각이 들었다. 경영과 실무를 공부하고 성공담을 듣는 것이 도움이 되었다. 부산대학교 행정대학원 1년 과정을 수료하며 폭넓은 인간관계로 많은 것을 보고 배웠다.

서울로 이사하다

2007년 남편의 임원 승진으로 갑자기 서울로 이사를 하게 되었다.

십여 년간 문전성시를 이루며 경영한 가게를 접어야 했다. 창업 때부터 계속 도와주었던 작은언니에게 가게를 인계해서 덜 서운했다. 서울에 살면서도 부산을 왔다 갔다 하면서 보육원 아이들 후원은 계속되었다.

서울 생활은 시골 출신인 나에게 복잡하고 힘이 들었다. 강남 역삼동으로 이사를 갔지만 강남대로 테헤란로의 길은 항상 막혔다. 골프를 하면 새벽에 나가서 밤늦게 들어와야 했다. 교통체증과 한 시간 이상 가야 하는 골프장이 멀어 힘들었다. 대중교통인 지하철은 복잡한 노선과 환승의 번거로움으로 행복감이 떨어졌다.

 서울 생활에 적응하기 위해 운동화를 신고 경복궁, 덕수궁, 미술관, 세종문화회관 등을 다니며 그림도 감상하고 뮤지컬을 보며 문화생활에 빠져 보았다. 고향 친구를 만나 명동이나 인사동을 다녀 보았지만, 일을 해야겠다는 생각이 간절했다. 서울에서 창업은 자신이 없었다. 어릴 적부터 친척 집을 드나들었고, 대학교를 다니며 살았던 부산이 그리워졌다. 베이커리 가게를 하여 성공을 했던 곳이라 미련이 남아서인지 푸른 바다와 백사장이 넓은 해운대의 모습이 자주 떠올랐다. 노후는 부산에서 보내기로 마음먹고 다시 부산에서 생활을 하고 있다.

제4부

내 삶에서 가장 보람 있는 일

보육원 아이들과의 만남

 십이 년 전 베이커리를 창업하면서 보육원 아이들과의 인연이 시작되었다. 당일 판매를 원칙으로 하다 보니 남은 제품과 시식하는 빵을 가까운 보육원에 가져다주기로 했다. 같이 생활하는 70여 명의 아이들에게 마음껏 빵을 먹이고 싶었다.
 밤 열두 시 가까운 시간에 동성보육원 대문을 두드렸다. 원장님께 간식을 전하고 귀가할 때면 다리가 퉁퉁 부어 걷기도 힘들었다. 가게 일은 힘든 때가 많았지만 빵을 전하는 순간만큼은 기뻤다.
 동성원 아이들이 나를 만나면 반갑게 인사도 하고 달려와 안기기도 했다. 유치원생과 저학년은 밝았지만 고학년과 중

제2회 아동청소년 꿈나무 그림그리기 대회

고생들은 눈 맞추기도 피했다. 아이들의 어두운 표정 표정을 보면서 가슴이 무척 아팠다.

  청소년들은 전문가 선생님의 조언을 구하여 시키는 대로 했다. 이것이 인연이 되어 사단법인 부산아동복지후원회 창립의 밑알이 되었다. 그 당시 부산에는 21개 보육원에 2천5백여 명 아이들이 자라고 있었다. 이렇게 많은 아이들이 시설에서 자랄 줄은 꿈에도 몰랐다.

  처음 시작은 작은 일이었지만 사랑스러운 아이들을 만날 때면 삶에 보람을 느꼈다. 후원하는 일을 더 열심히 하는 원

사단법인 부산아동복지후원회는 2009년 11월에 설립하여 부산광역시 아동복지시설 및 지역사회 빈곤층과 결손가정 아동복지 증진에 기여하고 청소년들의 장학과 자립을 지원하는 사회봉사를 목적으로 한다. 사업의 일환으로 국내 결연후원사업(디딤씨앗통장 등), 청소년 장학·자립지원사업(아동복지시설 퇴소자 등), 아동청소년의 복지사업을 지원하기 위한 회원의 회비 및 후원금 접수 등의 활동을 한다.

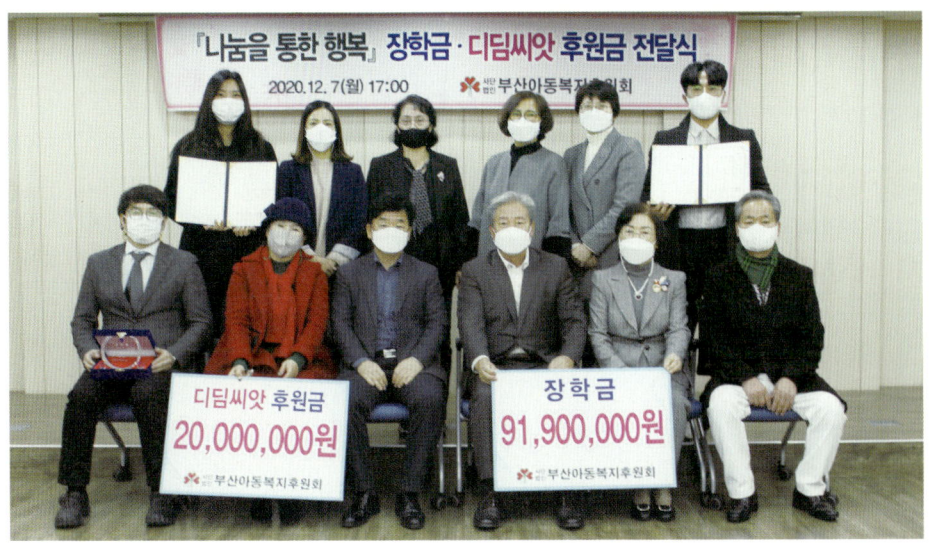

| 1 | 3 |
| 2 | 4 |

1. 부산아동복지후원회 창립 2주년 기념
'나눔을 통한 행복' 후원의 밤
2. 제3회 부산광역시 아동·청소년 그룹홈 한마당 축제
3. '나눔을 통한 행복' 장학금·디딤씨앗 후원금 전달식
4. '나눔을 통한 행복' 후원의 밤 힐링음악회

동력이었다. 전국에서 부산이 보육시설이 가장 많은 이유는 6·25전쟁으로 전쟁고아들을 수용하는 고아원이 많아서였다. 부모가 누구인지 모르는 아기가 유치원, 초중고, 대학교 진학을 해 홀로서기를 하는 걸 보면 내 인생에서 가장 잘한 일처럼 보람을 느낀다.

남을 돕는 일은 재산이 많다고 하는 것이 아님을 이 일을 하면서 알게 되었다. 세상을 바라보는 따뜻한 시선과 어떤 가치관으로 인생을 사느냐가 중요하다는 것을 절실하게 느끼고 있다. 매년 열리는 운동회, 축구대회, 그림 그리기 등에 부끄러워 참석하지 못했다. 십여 년 동안 그림자처럼 뒤에서 응원을 했다. 몇 해 전부터 용기를 내어 각종 행사에 참석해 아이들과 함께 지내다 보니 후원회에 더욱 애정이 갔다. 열심히 하는 계기가 되어 적극적으로 동참하고 있다.

소년의 집 오케스트라는 미국 카네기홀에서 연주도 했다. 아이들 정서를 위해 보육원 여러 군데에서 악기를 배운다. 운동회 때 장기자랑도 하고, 오케스트라를 만들어 연주로 봉사한다. 재능이 있는 아이들은 대학진학 전공으로 선택하기도 한다. 가야금을 전공한 가냘픈 아이가 부산대학교 국악과에 합격했을 때 가장 가슴 벅찼다. 내 자식이 대학 합격통보를 기다릴 때처럼 기도로 밤을 새웠다.

　대학 졸업 후 그 아이가 김해시립 가야금단원에 합격해서 열심히 활동을 하였다. 좋은 사람을 만나 결혼을 하고 아들을 낳아 행복한 가정을 꾸리며 살고 있다. 대부분 아이들은 보육원에서 성장한 것을 숨기는데 당당해서 기뻤다. '나눔을 통한 행복 책자'에 인터뷰까지 하였다. 보육원에 있는 많은 동생들의 멘토 역할을 잘하고 있어 너무 뿌듯하고 자랑스럽다.

　2014년 어머니가 돌아가셨을 때 일을 잊을 수 없다. 보육원에서 독립한 아이들이 몇 명씩 조를 짜서 아침 일찍부터 밤늦게까지 시간별로 도와주었다. 장례식장에서 가족처럼 온갖 궂은일을 맡는가 하면 기도를 하며 나를 위로해 주었다. 많이 베풀며 살다 가신 우리 엄마는 아이들이 손자손녀처럼 보였을 것이다. 어머니께서 하늘나라에서 무척 기뻐하셨을 것 같았다.

안녕하세요. 수줍게 인사하는 차미화 부회장. "자신은 정말 인터뷰를 할 만한 사람이 아니"라며 그간 한사코 인터뷰를 거절해 온 이유를 밝힌다. 몇 번의 고민 끝에 응한 인터뷰였기 때문인지, 그의 말 하나하나에 신중함이 묻어난다. 그가 이야기하는 아이들의 자립과 그에 대한 부산아동복지후원회, 그리고 어른들의 역할에 대해 들어보았다.

아이가 자신의 삶에 '주인공'이 되도록

부산아동복지후원회 **차미화 부회장**

부산아동복지후원회 시작부터 지금까지 늘 함께해 온 사람

부산아동복지후원회(이하 후원회)는 2009년 어른들의 도움이 필요한 아이들을 위해 지인들이 자발적인 뜻을 모아 출범했다. 차미화 부회장은 그 시작부터 지금까지 함께해 오고 있는 창립 멤버다. 후원회의 설립은 10년이지만 그가 아이들을 돕기 시작한 건 22년 전부터다.

"구서동에 동성원이라는 아동양육시설이 있어요. 거기에 개인적으로 후원을 하면서 당시 이영자 부산광역시 아동복지협회 국장님과의 만남을 통해 이상규 회장님을 비롯한 아동봉사에 뜻이 맞는 분들을 알게 되었어요. 처음에는 10여 명이 부산광역시 아동복지협회를 도우며 봉사의 범위를 점점 넓혀 갔죠. 그렇게 10년을 해오다가 아이들이 자립하는데 좀 더 구체적이고 제도적으로 도움을 주자는 취지에서 사단법인 후원회를 설립하게 된 거죠."

당시 10여 명으로 시작했던 후원회는 이제 회원 수만 600여 명에 달하는 큰 아동복지후원회로 성장하였다. 차 부회장은 자신의 모교인 여고와 초등학교에 후원회와 연계해 매년 지정후원금을 전달하고 있으며, 다방면으로 아이들의 자립을 돕고 있다. 20년이 넘는 나눔의 삶을 인정받아 2010년 보건복지부장관상에 이어 2018년에는 제34회 '자랑스러운 시민상'을 수상하기도 했다.

한 아이가 사회의 일원으로 당당히 홀로 서는 날까지

어릴 적 차미화 부회장에게 나눔과 봉사는 당연한 삶의 일부였다. 항상 누군가를 돕고 사시던 부모님의 모습을 보고 자랐기에 나눔은 삶과 별개의 것이 아니었다고 한다. 지금은 차 부회장의 영향으로 그의 가족 모두가 후원자로 활동하고 있다.

그가 이렇게 아이들 후원에 적극적인 이유는 무엇일까. 이에 차 부회장은 "나 자신을 위해서"라는 의외의 답변이 돌아온다.

"처음에는 제가 누구를 돕는 거라고 생각했어요. 처음 후원을 시작하며 만났던 6~7살의 아이들이 자라, 어른이 되가는 모습을 지켜보니 오히려 그 모습에 제가 더 행복해지는 거 아니겠어요? 세상에 상처받은 아이들이 세상을 향해 마음을 열고 나아가는 과정에서 작으나마 제가 곁에 있어준다는 사실이 저를 항상 감동하게 해요."

간혹 도움을 받는다는 걸 부끄러워하는 아이들이 있는데, 그걸 결코 부끄러워하지 말았으면 한다는 말도 덧붙인다. 사람은 누구나 도움을 받고 살아가고, 후에 자신이 받은 만큼 돌려줄 수 있는 따뜻하고 책임감 있는 사람이 된다면 그걸로 충분하다는 것이다.

하지만 이제는 시대가 변한 만큼 나눔의 방식도 변해야 한다고 말하는 차 부회장. "우리 세대처럼 조용히 뒤에서 후원해주는 시대는 지났다고 생각해요. 젊은 후원자들이 늘어나 우리가 하는 일을 널리 알려서 더 많은 사람이 동참하고, 공감할 수 있길 바랍니다. 지금보다 더 발전되고 달라진 10년 후의 후원회가 기대됩니다.

— 사단법인 아동복지후원회
책자에서 발췌

아동복지후원회 창립

　십여 년 전부터 몇 분의 지인과 함께 후원을 했지만 우리들 힘만으로는 한계를 느꼈다. 부산시에 있는 21개 2,000여 명의 시설보육원 후원을 적극적이고 체계적으로 할 수 있게 사단법인을 만들기로 했다. 여러 가지 문제에 부딪히고 조건이 까다로워 준비과정이 6개월 이상 걸렸다. 2009년 9월 29일 사단법인 부산아동복지후원회 발기인 총회를 하고 부산진구 전포2동에 사무실을 마련하였다. 2009년 11월 16일 개소식과 함께 봉사활동을 본격적으로 시작했다. 사단법인을 만들기까지 이상규 회장님의 열정적인 희생봉사 정신이 없었더라면 불가능한 일이었다.

부산아동복지후원회 발기인 총회　　　부산아동복지후원회 개소식
　　　　(2009. 9. 29.)　　　　　　　　　　(2009. 11. 16.)

　뜻이 맞는 후원자들을 발굴하여 아이들에게 더 많은 후원 사업을 계획했다. 공개적이고 적극적으로 시작했는데 후원자 모집이 우리가 생각한 것보다 적어 처음에는 상처를 많이 받았다. 창립 당시 183명이던 후원자가 2019년 현재 556명으로 늘어났다. 창립 10주년 행사가 2019년 11월 8일 부산시청 대강당에서 열렸다. 후원자들은 국민포장 대통령표창, 보건복지부장관상, 부산시장상, 자랑스러운 부산시민상 등 많은 상을 받았다. 사단법인 아동복지후원회에서 10년간 일반후원금과 지정후원금이 지급되고 물품 등도 지원했다. 디딤 씨

(사)부산아동복지후원회 창립 10주년 기념 '나눔을 통한 행복' 후원의 밤

  앗통장(2,210명), 행사지원 등 많은 후원자님들과 이루어 낸 일이다.

  동아대학교 골프 CEO 동문들도 매년 자선골프대회를 개최하여 장학금을 지급하였다. 부산행정대학원 동문들도 '선우회'라는 단체를 만들어 연말이면 아이들을 초대해 아이들과 즐기며 나눔을 실천하였다. 부산상공회의소 글로벌 동기들도 열악한 환경인 그룹 홈 아이들에게 든든한 후원자가 되고 있다. 십여 년 동안 도와준 후원자님께 고마움을 전한다.

감사라는 기도의 힘

동아대학교 골프CEO 총동문회장배 및 부산시 아동복지돕기 자선골프대회

    대한민국은 몇 년 전까지 해외입양 1위였다. 6·25전쟁으로 폐허가 된 나라가 한강의 기적을 일으키며 경제성장을 했다. 잘사는 사람이 많은 반면 상대적 빈곤으로 힘든 사람도 많다. 옛날에는 전쟁고아가 많았지만 요즘은 미혼모나 이혼으로 아이를 버리는 경우가 대부분이다. 정부에서는 집단보육시설보다 새로운 형태의 그룹 홈을 지향한다. 가정에서 양육하는 것처럼 소규모 아파트나 주택에서 10명 미만이 형제자매처럼 지낸다. 그룹 홈을 만들어 운영하고 있는 30여개

자랑스러운 시민상 수상   보건복지부장관상 수상

단체에 몇 년 전부터 봉사하고 있다. 사단법인 아동복지후원회 사무실 옆에 무료로 그룹 홈 사무실을 만들었다. 열악한 곳에서 생활하는 아이들에게 지원을 하고, 운동회와 그림 그리기 등으로 돕고 있다. 다문화가정, 탈북민 자녀, 소외계층 등 손길이 필요한 곳이면 언제든지 찾아간다. 아이들을 찾아가 자립해서 사회인으로 잘 살아가도록 물심양면으로 돕는 봉사를 하고 있다.

남편의 말 없는 지원과 온 가족이 후원자다. 주변의 지인, 친구들과 선배님, 후배님이 후원자로 동참해 주셔서 진심으로 감사드린다. 우연한 만남으로 내 인생에서 가장 잘한 일이 될 줄이야. 내가 준 것보다 받은 것이 너무 많다. 부산시장상, 부산 자랑스러운 시민상, 두 번에 걸친 장관상 등을 받았다. 분에 넘치게 상을 받고 보니 어깨가 무겁게 느껴진다. 부산아동복지후원회 창립요원으로 열심히 노력할 것을 다짐해본다.

수백 명 아이들의 기도와 응원, 사랑에 보답하며 더 열심히 해서 아이들이 사회에 자립하는데 도움이 되어야 한다. 코로나19로 여러 가지 어려운 상황이라 걱정스러운 일도 많지만 잘되리라 믿고 기도한다. 기도의 힘과 긍정적의 힘을 믿는다. 내 인생에서 가장 보람 있는 일이다.

학생들의 감사편지

부산대학교 1학년 정**

안녕하세요.
동성원에서 생활하고 있는 정** 입니다.
도와주신 모든 분께 감사드립니다.

저는 아주 어렸을 때부터 동성원에서 자랐습니다.

초등학교를 다니면서 제가 시설아동이란 사실을 알게 되었고, 다른 친구들과 다른 나 자신에 대해서 너무 혼란스러워 받아들이기 힘들었습니다.

다른 친구들은 모두 행복해 보이는데 나만 불행하다고 느껴졌습니다. 나를 이렇게 만든 부모님이 너무 원망스러웠고 모든 것을 포기하고 싶을 만큼 억울했습니다. 그때마다 원장님과 시설 선생님들이 저를 붙잡아주고 다독거려 주셨습니다.

나쁜 길로 빠질 뻔했던 순간들이 여러 번 있었는데 그분들의 덕택에 이겨낼 수 있었고 극복할 수 있었습니다. 부산예고에 다니는 3년 동안 저와는 너무 다른 환경에 살고 있는 친구들과 경쟁을 해야 할 때 나도

감사라는 기도의 힘

모르게 주눅이 들고 좌절감을 느꼈습니다.

그러나 여기서 무너지면 지금까지 해온 노력이 물거품이 되고 그 어떤 것도 할 수 없을 것 같은 생각에 놓고 싶은 생각을 꾹 참고 앞만 보고 달렸습니다. 일주일에 두 번 레슨을 받으며 밤마다 수없이 혼자 연습에 연습을 더 했습니다. 처음에는 무조건 시키는 것만 연습했지만, 목표가 정해지니 욕심이 생겼습니다.

무엇보다 꿈이 생기고, 나도 몰랐던 재능이 있다면 제대로 배워서 대학도 가야겠다는 생각이 들었습니다. 내가 제일 잘하는 것으로 미래를 꿈꾸어 보자는 다짐을 했습니다.

결국 2016년 부산대학교 정시모집에 당당히 합격했고, 그 기쁨은 이루 말할 수 없었습니다.

그동안 무료 레슨을 받고 악기를 사 주신 후원자님들의 도움이 있었기에 가능한 일이었습니다. 저는 혼자가 아니었습니다. 혼자라고 생각했다면 쉽게 포기할 수 있었겠지만, 누군가가 나를 돕고 있다는 생각에 든든한 마음으로 연습에만 전념할 수 있었습니다.

아무것도 가진 것 없고 부족한 제가 꿈을 이룰 수 있도록 힘과 용기를 주신 후원자님께 감사 말씀을 전합니다.

그동안 제 뒤에서 보이지 않게 베풀어주신 조건 없는 사랑에 보답하기 위해 열심히 공부하고 노력하며 살겠습니다.

저를 도와주신 아동복지후원회 후원자님!

다시 한 번 진심으로 감사드립니다.

학생들의
감사편지

파랑새 아이들 집 장**

베풂의 사랑에 고마움을 전합니다.

후원자님 안녕하세요. 의료지원 후원금을 받은 파랑새 아이들 집에서 생활하고 있는 장** 인사드립니다. 감사하다는 말을 찾아뵙고 전해야 하는데 글로 인사드리게 되었습니다.

우리 집(시설)의 선생님들을 통해 여러분들께서 도움을 주셨다는 말을 전해 들었습니다. 저는 언청이로 태어나 1차 수술을 하였으나 성장에 따라 얼굴기형의 우려와 치아 부정교합으로 교정치료와 악교정 수술이 필요했습니다. 퇴소 후 수술을 하기에는 너무 많은 비용이 발생하여 시설에 도움을 요청하게 되었습니다. 마침 후원자님의 지원을 받게 되어 어떻게 감사의 인사를 드려야 할지 모르겠습니다. 그동안 지내오면서 고민이 참 많았습니다. 나머지 치료비가 걱정이 되기는 하지만 덕분에 조금은 무거운 짐을 해결할 수 있었습니다. 저 혼자 힘으로 살아갈 수 없는 지금의 상황에서 여러 후원자님의 도움을 필요로 하고 있습니다.

제 형편으로는 남들처럼 대학에 갈 생각은 아직 없습니다. 얼른 사회에 나가 취직하여 돈을 벌어 자립하고 싶은 것입니다. 매번 진료하면서 의사 선생님을 만날 때마다 전해 듣게 되는 많은 진료비를 '내 힘으로 해결할 수 있었으면 좋겠다.'라는 생각을 하고 있기 때문입니다. 어릴 때부터 치과를 다니면서 스트레스를 많이 받기도 했지만, 저를 위한 일이라는 것을 알고 열심히 다녔습니다. 얼굴기형을 치료해 다른 사람들처럼 당당하게 살아가고 싶은 바람을 가지고 있습니다. 시설 생활을 하면서도 '훗날 꼭 베풀 수 있도록 하자!'라고 굳게 다짐하며 지내고 있습니다.

날씨가 더워지고 있습니다. 건강하시고 다음 기회에 찾아뵙고 인사드리도록 하겠습니다. 다시 한 번 고맙고 감사한 마음의 인사를 전합니다.

태양기업 창업에 도전하다

남편과 가족들이 서울 생활에 익숙해졌을 때 태양기업을 창업했다.

2010년 부산에서 바지선 임대사업을 동업으로 출발했다. 바지선 경영을 하고 있는 지인분의 소개로 시작한 것이다. 동업하는 분이 배를 구매하고 계약을 해서 크게 어려움이 없었다. 바지선은 건설회사와 필요한 분에게 계약만 하면 되는 일이었다.

사무실이나 직원도 같이 쓰고, 배를 관리하는 선두 한 사람만 두면 되었다. 황금알을 낳는 사업이라고 소문이 나면서 많은 사람들이 바지선 사업에 뛰어들었다. 그러나 임대료가

바지선

떨어지게 되면서 사업이 힘들어졌다.

  우리나라 해안공사가 끝나갈 무렵에는 사업을 조금씩 접기 시작했다. 지금은 지분 투자만 하고 정리 상태이다. 크게 욕심 부리지 않고 어려움 없이 마무리 짓고 있다.

김해여고 동기회 결성

2008년 18회 여고 동기회가 발족되었다. 여고 졸업 후 삼십여 년이 지나 만난 친구들이다. 결성된 다음 해부터 5년 동안 동기회장을 맡아 솔선수범했다. 친구들을 찾기 위해 다방면으로 수소문하여 150여 명이 연락이 닿았다. 각자의 삶을 사느라 안부도 모르고 지내던 친구들을 만나 너무나 기뻤다. 함께 일한 친구들의 도움이 없었다면 불가능한 일이었다.

10월 15일 개교기념일에 맞춰 모교 금벌관에서 열리는 총동창회 날은 70여 명의 친구들이 참석했다. 봉사와 희생으로 한마음이 된 우리 기수는 최다 참가상을 받았다. 매년 장기자랑에서 단합된 모습으로 단체 춤을 추어 인기를 누리며

김해여고 총동창회에 참석한 18회 동기회

대상을 받는 영광을 차지했다. 18회 친구들과 야유회와 국내 여행으로 우정을 쌓고 친목을 다졌다. 일본, 중국, 캄보디아, 서유럽 등 해외여행을 다니며 안목도 넓히고 잊지 못할 추억을 간직했다.

총동창회는 정기총회 및 회장 이·취임식, 식후 장기자랑 등으로 열기가 대단했다. 금벌관에서 행사가 끝나고 한옥체험관에서 숙박을 했다. 각 기수별로 방을 배정받아 오붓하게 즐거운 시간을 가졌다. 우리 기수는 가장 많이 참석해 항상 방과 마루가 딸린 넓은 공간을 차지했다. 낮의 열기가 식지 않아 노래도 부르고, 밤늦도록 이야기가 끊이지 않았다. 1박 2일의 총동창회 날은 잔칫날처럼 술렁대지만 행복함으로 가득했다.

　　김해여고 총동창회 19대 집행부는 18회 동기로 구성되었다. 수석부회장으로 선임되어 봉사하기로 마음먹었다. 19대 집행부는 마음을 모아 열정을 다해 총동창회를 운영했다. 대선배님들께서 고생하며 이루어 놓은 업적들이 빛나도록 하기 위해서다.

　　총동창회 숙원사업을 하나씩 해결하기로 했다. 총동창회는 사무국은 물론 동창회에 관련된 서류를 보관할 문서함도 없는 상태였다. 모교의 교장 선생님과 의논한 끝에 교실 한 곳에 캐비넷을 두기로 했다. 아담한 문서함에는 1회부터 졸업앨범을 찾아 차례대로 정리해서 꽂았다. 가방에 넣어 다니던 서류들도 보관했다. 빈약하지만 총동창회의 숙원사업인

18회 여고 동기회 친구들과 일본, 중국, 캄보디아, 서유럽 등 해외여행을 다니며 안목도 넓히고 잊지 못할 추억을 간직했다.

사무국을 만드는데 초석을 놓은 것이다. 총동창회와 정기총회 때는 문자 보내기로 많은 동문들이 참여하는 쾌거를 올렸다. 총동창회 기와 회의를 주재할 때 쓰는 의사봉을 마련했다. 집행부에서 함께 일한 K친구를 잊을 수 없다. 책임감과 정의감이 강해 몸이 아프면서도 최선을 다해 도왔던 친구를 보면 마음이 짠하다. 내가 모교와 동창회를 사랑하는 것도 선배님들로부터 배운 것이다.

　모교의 재학생들이 서울대학교에 두 명이나 합격하는 경사가 일어났다. 총동창회에서 특별장학금을 지급했고, 회장과 나는 일백만 원씩 장학금을 보탰다. 십여 년 동안 김해여고 입학식이나 졸업식 때면 후배들에게 지정장학금을 주었다. 열악한 환경에서도 최선을 다하는 하키부 선수들에게도 후원금을 주고 있다. 해마다 형편껏 보낸 장학금과 발전기금이 오천여만 원이 되었다. 나이가 들수록 수입이 줄어 어떻게 될지 모르지만, 장학재단이 설립될 때까지 도울 생각이다.

　나는 부자도 큰 사업가도 아니다. 부모님으로부터 베풂과 나눔을 배웠기에 실천에 옮길 뿐이다. 주변분들의 많은 도움이 있었기에 가능했던 일인 것 같다. 항상 감사하는 마음으로 살아가고 있다.

김해여고 하키부 장학금 전달식

　총동창회 발전에 많은 도움을 준 공로로 감사패도 받고 고문위원으로 위촉되었다. 나는 총동창회 연혁 찾기에 나섰다. 고문님 몇 분을 모신 자리에서 총동창회 창립의 배경과 설명을 상세하게 들을 수 있었다. 무에서 유를 창조한 총동창회 결성은 선배님들의 열정과 희생으로 이루어져 가슴 찡했다.

　1회 김호진 고문님의 초창기 결성 사진과 4회 이춘원 고문님이 건네주신 창립총회 사진은 총동창회 연혁을 찾는 실마리가 되었다. 5회 양옥선, 8회 김복금, 10회 조정득 고문님의 협조도 도움이 되었다. 16회 노갑선 고문님은 선배님들의 생생한 증언과 사진을 바탕으로 총동창회와 동문회보 연혁을 찾고 정리를 하였다. 2020년 제14호 동문회보 '총동창회 40년

발자취' 특집란에 실렸다. 역사와 전통을 자랑하는 명문학교에 걸맞게 뿌리를 찾고, 숙원사업을 하나씩 이루어 나갈 수 있어 행복했다.

코로나19로 2020년에는 총동창회가 취소되어 안타까운 마음이다. 사랑하는 동문님들을 내년에는 꼭 만날 수 있길 간절히 기원해 본다.

제5부

세계 일주의 꿈

마추픽추, 신비의 세계

　세계 일주는 나의 두 번째 꿈이다. 남미, 중미, 남아프리카 세계3대 폭포, 알래스카, 서유럽, 동유럽, 북유럽, 발칸반도, 아시아의 나라들, 뉴질랜드, 호주, 스페인 등 여러 나라를 여행했다.

　중남미 30일간 여행 중 유네스코세계유산인 마추픽추를 본 것이 가장 인상적이다. 남아메리카 페루의 고대문화는 잉카 제국의 '잃어버린 도시' 마추픽추의 유적에서 발견할 수 있다.

　남미로 가는 직항이 없어 미국에서 환승하여 25시간 동안 비행기를 타고 페루의 수도 리마에 도착했다. 가이드가 주는 고산병 약을 먹었는데도 소화가 안 되고 어지러웠다. 고산지대라 현지호텔에서 산소를 마시고 편안히 잘 수 있었다. 해발 3,399m 쿠스코에서 1박 하고 마추픽추로 향했다. 쿠스코에서 약 114km 우루밤바강을 따라 올란타이탐보에서 기차를 타고 깊은 골짜기를 끝없이 달렸다. 기차에서 내려 다시 버스를 타고 매표소 앞에 도착했다. 비가 부슬부슬 내리는 날씨에 가파른 계단을 힘들게 올라갔다. 짙은 안개로 마추픽추 주위의 풍경은 잘 보이지 않았다.

  그러나 순식간에 안개가 걷히며 신비스러운 공중의 도시 마추픽추가 눈앞에 그림처럼 펼쳐졌다. 평지가 없는 가파른 산악 지대에 돌을 쌓아 계단을 만들어 밭을 일구었다. 고산지대의 기후에 맞게 옥수수, 감자, 코카 등을 재배하고 있는

신비스러운 공중도시
마추픽추에서

밭을 보며 잉카인들의 지혜를 엿볼 수 있었다. TV나 책으로만 보았던 마추픽추를 곁에서 보다니 가슴이 벅차고 꿈만 같았다. 1911년 미국의 예일대학교 젊은 역사학자인 히람 빙엄에 의해 처음으로 발견된 곳이다. 발굴 결과에 따르면 잉카 이전의 유물도 상당히 있었다고 기록되어 있다고 한다. 아래서는 보이지 않고 공중에서밖에 보이지 않기 때문에 해발 2,400m의 공중도시라 불린다. 뾰족한 봉우리 두 개 사이에 있어 스페인 침략자들에게 발견되지 않았다.

마추픽추의 심장이라 일컬어지는 '태양의 신전'은 경이롭다. 아름다운 곡선으로 정교하게 쌓아 올린 석벽과 탑은 시선을 사로잡았다. 잉카제국의 새해는 6월 21일로 남아메리카 3대 축제로 손꼽히는 날이다. 이날이 되면 태양의 빛이 신전 중앙의 창문으로 딱 맞추어 들어온다고 했다. 과학기술이 발전되지 않은 그 시기에 어떻게 만들 수 있었을까.

태양의 신전, 해시계, 수로 등 돌을 이용해 만든 건축물은 신비감을 띤 채 역사를 안고 서 있었다.

산티아고 순례자의 길을 걷다

    2019년 4월 22일 19박 20일 일정으로 산티아고 순례길을 떠났다. 유네스코 세계문화유산으로 지정받은 길은 스페인과 프랑스 접경에 위치한다. 스페인의 수호성인 성 야고보의 무덤이 있는 북서쪽 도시 산티아고 데 콤포스텔라로 향하는 800km 거리에 이르는 길이다

    나의 버킷리스트 목록에 적혀 있는 프랑스 길을 선택했다. 우리나라에는 스페인 하숙으로 TV에 방영되어 잘 알려져 있다. 부산에서 출발하여 인천을 경유하여 독일 프랑크푸르트 공항까지 비행시간은 11시간 20분(환승대기 2시간 40분)이었다. 프랑크푸르트에서 프랑스 툴루즈 비행시간 약 2시간까

지 약 15시간 동안 비행기를 타고 내렸다. 800km 순례길 중 300km만 걷기로 했다.

프랑스 툴루즈에서 첫 밤을 보내고 성모 발현지 루르드 샘으로 2시간 이동하여 생장에서 순례자 여권을 발급받았다. 1박을 하며 피로를 풀고 생장피데포르 오리손 론세스바에스 구간 25km를 걷기 시작했다. 피레네 산맥은 계속 오르막으로 힘든 길이다.

처음 출발할 때 산 밑에는 맑았는데 산중턱쯤 갔을 때 갑자기 강풍이 몰아쳤다. 몸을 가눌 수 없어 옆 사람과 서로 팔짱을 끼고 걸어도 쓰러지는 일들이 속출했다. 비와 우박까지 쏟아져 일행 모두 대피소로 향했다. 눈보라 속에 추위로 벌벌 떨면서 프랑스 구조대에 구조 요청을 했다. 젊은 남자분이 저체온으로 쓰러졌다. 프랑스 산악구조대가 와서 그 사람을 구조했다.

우리 일행들은 현지가이드가 보내준 차를 타고 숙소로 돌아왔다. 차 안에서 여러 사람들이 급체한 것처럼 토하고 아픈 사람이 속출했다. 산이 얼마나 무서운지 처음 실감했다. 철저한 준비 없는 산행은 순식간에 목숨마저 잃을 수도 있다는 것을 경험했다.

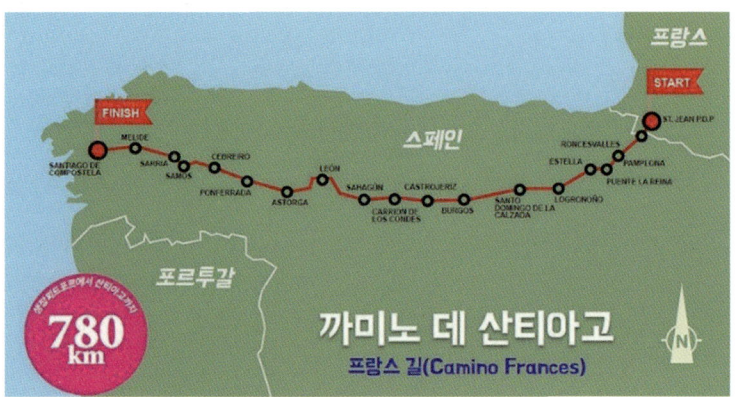

스페인 산티아고 순례길 코스

산티아고 순례길 코스 완주 확인 도장

나는 순례자의 길을 걷기 위해 정보 등을 수집하여 나름대로 철저히 준비를 했다. 6개월 전부터 등산, 걷기, 계단 오르기를 하며 체력을 향상시켰다. 덕분에 별 무리 없이 순례길을 걸을 수 있었다.

다음 날부터 청명한 날씨가 계속되어 하루에 이삼십 킬로미터씩 걸었다. 맑고 고운 자연의 소리를 들으면서 나의 내면의 소리에 귀를 기울이는 시간을 가지며 걷고 또 걸었다. 끝없는 지평선 위로 펼쳐진 포도밭, 노란 유채꽃이 나그네를 반기는 것 같았다. 눈이 쌓인 산과 이름 모를 들꽃이 어우러져 한 폭의 그림으로 다가왔다.

수도원에서 수도꼭지를 통해 무제한으로 제공되는 포도주를 마음껏 마시고 황홀한 기분으로 걸었다. 단단하고 반들반들한 황톳길은 수많은 사람들이 밟고 지나갔음을 보여주었다. 끝없는 길을 걸으며 내 삶을 되돌아보고 남은 생은 어떻게 살아갈지 많은 생각을 하게 되었다. 비우고 버리고 용서하고 나를 성찰하는 기회라고 생각하고 기도하면서 매일 내가 걸을 수 있는 만큼 걸었다.

순례자의 길에는 순례자만의 규칙이 있었다. 마을과 길은 자연 그대로 보존하고 지키는 것이 원칙이라고 했다. 길가에

산티아고 데 콤포스텔라성당 도착

는 화장실도 노점도 찾아볼 수 없었다.

순례길을 걸은 후 열흘이 지나자 옛날 수술한 다리에 마비가 오고 퉁퉁 부어 더 이상 걸을 수 없었다. 일행 중 의사 선생님이 계셔서 매일 그분의 치료를 받으면서 걸었다. 최종 목적지 산티아고 데 콤포스텔라에 무사히 도착했다. 함께한 일행과 얼싸안고 감격의 눈물을 흘리면서 감사의 기도를 올렸다.

지금은 코로나19로 하늘길이 막혀 여행을 갈 수 없지만, 언젠가 기회가 되면 산티아고 순례길로 다시 떠나리라.

가족과 함께한 여행

우리 가족들은 자주 만날 수 없는 형편이다. 해외에 사는 아들 부부와 서울에 사는 딸네가 일 년에 두 번씩 만나기로 했다. 약속을 한 가족들은 매년 함께 여행을 했다.

상상도 못한 코로나19로 가족들의 모임도 할 수 없어 안타깝다. 2020년 추석에는 아들 부부는 참석하지 못했다. 딸 부부와 손자들만 3박 4일 제주도를 다녀왔다.

2021년 설날은 예약한 제주도 여행마저 취소를 하고 말았다. 아들과 사위가 의사라는 직업 때문에 쉴 여가가 없다. 코로나19는 가족 간에도 거리두기를 해야 하고 휴가마저도 남들처럼 마음대로 갈 수 없는 처지여서 안타까울 뿐이다.

제주도에서의 가족 여행

 몇 해 동안 여러 곳으로 여행을 하면서 남긴 가족의 소중한 추억들을 떠올리며 미소를 짓는다. 아이들과 손자들이 보고 싶을 때면 사진과 동영상을 보면서 그리움을 달랜다. 코로나19가 없는 자유로운 세상에서 마음껏 살고 싶은 마음 간절하다.
 가족 모두 무탈함에 감사기도를 드리며 만날 날을 손꼽아 기다린다.
 백세 시대라 삶의 여정이 많이 남은 것 같다. 지난날을 돌아보고 어떻게 살 것인가 깊이 생각하고 준비를 할 수 있는 기회가 주어진 것에 감사하다. 나이를 먹을수록 건강하고 단아하게 살아야겠다는 막연한 생각을 했다. 구체적인 계획을 세우고 메모를 하며 실천에 옮기지 못했다. 살아오면서 이번처럼 많은 글을 쓰고 자신을 되돌아보기는 처음이다. 내가 할 수 있는 것부터 메모하고 계획하여 실천하며 꼭 필요한 최소한의 것만 남겨 분수에 맞는 생활을 해야겠다.

  비우고 나누고 절제와 침묵으로 봉사하며 삶을 영위하고 싶다.

사랑하는 어머니께

어머니가 제 곁을 떠나신 지 6년이 지났습니다. 아직도 문득문득 생각이 나고 울컥 눈시울이 뜨거워집니다. 몸이 아프거나 어려운 일이 생기면 더욱 보고 싶어요.

나는 잦은 경기에 팔마저 잘 빠지고 항상 머리와 배가 아팠죠. 온갖 병치레에 입이 짧아 이것저것 좋다는 것은 다 해주셨습니다. 저를 키우시느라 애간장을 태워 가슴은 숯검정이 되었을 것입니다.

엄마 등에 업혀 잠이 들 때 희미한 기억과 엄마 냄새를 잊지 못합니다. 언제나 환하게 웃으시면서, 잠자리에 들면 부드러운 목소리로 읽어주시던 성경책과 기도로 편안히 잠이

부모님 산소

들었습니다.

 잘하는 것이라고는 하나도 없는 제가 무조건적인 사랑과 기도의 힘으로 건강하게 잘 살고 있습니다.

 엄마! 면목이 없습니다. 용서해 주세요. 세상에서 한 분밖에 안 계신 오빠를 지켜주지 못했습니다.

 2020년 8월 21일 코로나로 온 세계가 혼란할 때 파킨슨병으로 요양병원에 입원했는데 보호자도 면회가 안 되어 한 번도 가보지 못한 상태에서 큰 병원으로 옮길 여유도 손쓸 겨

를도 없이 갑자기 돌아가셨다는 연락을 받았습니다.

아무 준비도 없이 큰일을 당해서 가족 모두 허둥대고 있을 때 김해성당 연도회에 연락을 했더니 장례를 책임지고 다 할 테니 걱정 말라고 우리를 위로했습니다. 연도회장님 연도회원들이 엄마 김근수(세실리아)를 잘 알고 있고 오빠도 잘 안다며 젊은 나이에 가신 것을 안타까워하며 장례와 화장터까지 다들 오셔서 도와주셨고 부모님 곁에 오빠를 나란히 모셨습니다.

오빠를 허망하게 보내고 8월부터 자서전을 써야 하는데 죄책감으로 속마음을 누구에게도 말할 수 없었습니다. 흐르는 눈물을 감당하지 못해 단 한 줄도 쓸 수 없었지만 후배와 함께하는 일이라 포기를 할 수 없었습니다.

엄마! 미안합니다. 제가 죽을죄를 짓더라도 용서해주실 우리 엄마지만 오빠 일만은 제가 너무 잘못했습니다. 아버지, 엄마, 오빠 하늘나라에서 건강하고 행복하게 잘 계시리라 믿습니다.

이제 남은 세 자매 사이좋게 잘 살겠습니다. 제가 언니 둘을 잘 지킬 수 있도록 최선을 다해 보겠습니다.

엄마! 사랑합니다, 그립습니다, 고맙습니다.

2020년 셋째 딸 미화 올림

감사라는 기도의 힘
차미화 지음

1쇄 펴낸날   2021년 4월 21일

지은이   차 미 화
펴낸이   오 하 룡

펴낸곳   도서출판 경남
주 소   창원시 마산합포구 몽고정길 2-1
연락처   (055)245-8818
이메일   gnbook@empas.com
출판등록   제1985-100001호(1985. 5. 6.)
편집팀   오태민 심경애 구도희

ISBN 979-11-89731-96-0-03810

ⓒ차미화

＊잘못된 책은 바꿔 드립니다.
＊저자와 협의 인지 생략합니다.

〔값 10,000원〕

My Bucket List

1. 매일 햇볕 보고 한 시간 이상 걷기
2. 아파트 계단 오르기, 헬스로 근육 만들기
3. 매년 가족과 여행 가기
4. 아동복지후원회 봉사하기
5. 세계 일주(아직 가보지 못한 곳)
6. 골프 에이지 샷(Age shot) 달성 (나이만큼 스코어 치기)
7. 순례자의 길 800킬로 완주하기
8. 하와이 한 달 살아보기
9. 유언장 작성하기
10. 웰 다잉(well dying)